CATALOGUE

D'UNE COLLECTION

DE

TABLEAUX

ANCIENS

Des Écoles Hollandaise, Flamande, Française et Italienne

PROVENANT EN PARTIE DU

Cabinet de M. DE SAINT-R*, du Mans** Remy

DONT LA VENTE AURA LIEU

HOTEL DES COMMISSAIRES-PRISEURS

RUE DROUOT, 5

Salle n° 1

Le Samedi 25 Avril 1863

A UNE HEURE TRÈS-PRÉCISE, LA VACATION ÉTANT CHARGÉE

Par le ministère de **Me CHARLES PILLET,** Commissaire-Priseur,
rue de Choiseul, 11,

Assisté de **M. FEBVRE,** Expert, rue Laffitte, 12,

Chez lesquels se distribue ce Catalogue.

EXPOSITION PUBLIQUE

Le Vendredi 24 Avril 1863, de une heure à cinq heures.

PARIS

RENOU & MAULDE

IMPRIMEURS DE LA COMPAGNIE DES COMMISSAIRES-PRISEURS

Rue de Rivoli, 144

1863

CONDITIONS DE LA VENTE

Elle sera faite au comptant.

Les Adjudicataires paieront CINQ pour CENT en sus du prix d'adjudication.

LE CATALOGUE SE DISTRIBUE :

A Paris.......	Chez MM.	**PILLET**, Commissaire-Priseur, 13, rue de Choiseul.
—	—	**FEBVRE**, Expert, 12, rue Laffitte.
A Bordeaux..	—	PILLOT.
A Lyon........	—	BATTON, marchand antiquaire.
A Lille........	—	REGNARD, Conservateur du Musée.
A Bruxelles...	—	Étienne LEROY, Expert du Musée royal Belge
A Gand.......	—	VANDERRINCE, Peintre.
A Anvers.....	—	FUBRUGGEN, Greffier.
A Cologne....	—	LAURENT.
A Amsterdam	—	ROOS, Courtier.
A Rotterdam.	—	SAMUEL, Peintre.
A Londres....	—	FARRER.

DÉSIGNATION

DES

TABLEAUX

ALST (Guillaume Van)

1 — Sur une table couverte d'un drap bleu sont posés des raisins, des prunes, abricots, poires, noix, cerises et autres fruits.

Toile. — Hauteur, 65 c. Largeur, 55 c.

2 — Un homard, un plateau en argent contenant des pêches, abricots, oranges, raisins; le tout sur une table couverte d'un tapis vert.

(Pendant du précédent.)

AVERCAMP (surnommé le Muet)

3 — Sur un lac glacé sont de nombreux patineurs et des traîneaux; au second plan, une digue surmontée d'un fort.

Bois. — H. 30 c. L. 53 c.

AVONT (Vanden)

4 — Les disciples d'Emmaüs.

Cuivre. — H. 68 c. L. 85 c.

BACKHUYSEN (Ludolf)

5 — Une mer par un gros temps.

Toile. — H. 47 c. L. 55 c.

BEGHYN (Abraham)

6 — Paysage avec figures et animaux.

Bois. — H. 33 c. L. 45 c.

BOONEN (Arnold)

7 — Portrait en pied d'une dame avec sa petite fille.

Toile. — H. 1 m. 68 c. L. 1 m. 37 c.

BOURDON (Sébastien)

8 — Un guerrier chante, une jeune fille l'écoute ; derrière eux un aveugle joue du violon, etc.

Bois. — H. 24 c. L. 31 c.

BRAUWER (Adrien)

9 — Homme jouant de la mandoline.

Bois. — H. 31 c. L. 23 c.

BREUGHEL (Pierre)

10 — Paysage, fond accidenté, des fabriques, des chasseurs, des chiens et du gibier mort. Signé.

Cuivre. — H. 32 c. L. 40 c.

BREUGHEL (dit de Velours)

11 — Un canal, bordé sur les deux rives par des villages hollandais.

(Collection Robiano.)

Cuivre. — H. 20 c. L. 30 c.

12 — Paysage avec rivière ; au premier plan, une embarcation.

Cuivre. — H. 8 c. L. 11 c.

BREUGHEL (François)

13 — Paysage avec habitations champêtres, et animé par de nombreuses figurines.

Forme octogone. Bois. — H. 29 c. L. 29 c.

BREYDEL (Chevalier)

14 — Choc de cavalerie.

CAPELLE (Vander)

15 — Marine, temps calme.

Bois. — H. 35 c. L. 44 c.

CAMPHUYSEN (Raphael)

16 — Paysage avec rivière et figures.

Bois. — H. 45 c. L. 64 c.

CHARPENTIER

17 — Les Politiques de 93.

Toile. — H. 42 c. L. 53 c

CLOMP (Albert)

18 — Paysage avec vaches, moutons, chèvres. Œuvre traité dans la manière de son maître, Paul Potter.

(Collection Robiano.)

Bois. — H. 73 c. L. 49 c.

COQUES (Gonzalès)

19 — Portrait d'un prince de la famille de Nassau. Il est cuirassé et tient un bâton de maréchal.

Toile. — H. 79 c. L. 62 c.

20 — Petit Portrait de dame.

Cuivre.

CUYP (Guerit)

21 — Portrait d'un enfant.

Bois. — H. 66 c. L. 49 c.

DENNER (Balthasar)

22 — Tête de vieillard à barbe grise, toque de velours, habillement avec fourrures.

Cuivre. — H. 38 c. L. 32 c.

DEVOS (Paul)

23 — Portrait de dame, richement vêtue.

Toile. — H. 1 m. 3 c. L. 84 c. 1/2.

DIETRICH (Guillaume-Ernest)

24 — Le Portrait à mi-corps d'une dame âgée ; derrière elle, un cavalier.

Ce tableau est traité en la manière de Rembrandt.

(Collection Robiano.)

Bois. — H. 31 c. L. 24 c.

LEDOUX (Mlle), élève de Greuze

25 — Petite Fille en prières, les mains jointes.

Toile. — H. 42 c. L. 33 c.

DROGSLOOT

26 — Paysage avec fabriques, animé par de nombreuses figurines.

Bois. — H. 30 c. L. 41 c.

DUSART (Corneille)

27 — La Marchande de fruits.

Toile. — H. 39 c. L. 32 c.

28 — Près d'une habitation villageoise, un musicien ambulant joue de la vielle en présence de paysans et d'enfants rassemblés.

Bois. — H. 50 c. L. 41 c.

ELZÉMER (Adam)

29 — Le Christ au Jardin des Oliviers.

Bois. — H. 41 c. L. 34 c.

FASSIN (Le chevalier)

30 — Paysage avec figures et animaux.
Vue des environs de Rome.

Toile. — H. 69 c. L. 85 c.

FRA BARTHOLOMÉO (École de)

31 — Le Mariage de sainte Catherine.

Bois. — H. 57 c. L. 34 c.

FILIPPO LIPPI

32 — La Vierge et l'Enfant Jésus.

Bois. — H. 44 c. L. 33 c.

FRANCK (François)

33 — Sainte Catherine, la main droite sur la roue de son supplice, la gauche tient un glaive.

FYT (Jean)

34 — Cette œuvre capitale représente une table sur laquelle se déploie un rideau en soie rouge cramoisie ; dans une grande corbeille sont de beaux fruits, puis des perdreaux et des petits oiseaux morts, un lièvre est suspendu à un fauteuil derrière lequel est une mappemonde; deux chiens de chasse soulèvent, avec leurs belles têtes, une partie du rideau qui couvre la table.

Vers la droite, par une ouverture et près d'un piédestal, on aperçoit un paysage dominé par la tour de Notre-Dame d'Anvers.

(Collection du chevalier Konnig, à Gand.)

Toile. — H. 1 m. 20 c. L. 1 m. 67 c.

GOYEN (Van)

35 — Vue d'une rivière de Hollande. Au premier plan, des pêcheurs, plus loin une jetée, à gauche un fort.

Bois. — H. 19 c. L. 29 c.

GRIEFF

36 — Du gibier, des chiens et un chasseur assis.

Toile. — H. 73 c. L. 56 c.

HALS (Dirick)

37 — Dans l'intérieur d'un corps-de-garde, des officiers boivent, fument ou jouent au trictrac.

Bois. — H. 39 c. L. 51 c.

HALST (Van)

38 — Portrait de Marie-Thérèse, impératrice d'Autriche, représentée jeune.

Toile. — H. 1 m. 22 c. L. 1 m. 2 c.

HAMILTON

39 — Des plantes sauvages, papillons, insectes, des couleuvres, lézards et un chardonneret.

Bois. — H. 38 c. L. 28 c.

HEEM (Corneille de)

40 — Fleurs et fruits.

Bois. — H. 39 c. L. 26 c.

HELST (Bartholome Vander)

41 — Portrait d'un homme de robe; la main gantée est appuyée sur une table.

Bois. — H. 40 c. L. 32 c.

HEEMSKERKE (Egbert)

42 — Paysans et Femmes réunis dans un cabaret.

Bois. — H. 21 c. L. 31 c.

43 — Pendant du précédent, même genre de composition.

44 — Estaminet flamand.

Bois. — H. 39 c. L. 33 c.

HOBBEMA (Meindert), signé.

45 — Paysage baigné par une rivière.

Bois. — H. 32 c. L. 27 c.

HOOGH (Pierre de)

46 — Portrait d'une jeune dame hollandaise.

(Beau faire de ce maître.—Signé.)

Toile. — H. 71 c. L. 39 c.

HOUET (Girard)

47 — Un Concert.

Toile. — H. 33 c. L. 27 c.

JORDAENS (Jacques)

48 — Le Triomphe de Bacchus.

Bois. — H. 45 c. L. 77 c.

KESSEL (VAN), élève de HOBBEMA

49 — Au premier plan, la sortie d'une forêt où serpente un chemin qui conduit vers un village dont on aperçoit au loin le clocher; un cavalier monté sur un cheval blanc distribue des aumônes à une famille de Bohémiens; d'autres figures, dues au pinceau de Lingelbach, circulent sur les différents points. Paysage agreste.

(Collection Gray.)

Toile. — H. 83 c. L. 1 m. 10 c.

KLOMP (ALBERT)

50 — Deux vaches dans une prairie sur la lisière d'un bois.

Bois. — H. 30 c. L. 25 c.

LAAR (PIERRE DE)

51 — Paysage montagneux et boisé; au premier plan des figures, des animaux, bœuf, âne, cheval, debout, puis un autre couché.

Bois. — H. 64 c. L. 48 c.

LINGELBACK (JEAN)

52 — Une Marchande de fruits est assise au pied d'un arbre; près d'elle, un homme et un chien, plus loin, un âne.

(Collection Saint-Victor.)

Bois. — H. 39 c. L. 33 c.

MAAS (THIERRY)

53 — Un Marché aux chevaux. Plus de cinquante figures animent cette composition.

Toile. — H. 68 c. L. 81 c.

MAAS (Nicolas)

54 — Portrait d'une jeune et jolie femme.

Toile. — H. 42 c. L. 31 c.

MANS (Fans)

55 — Vue de la plage de Schéveninghe.

Bois. — H. 48 c. L. 65 c.

MEMLING (Hans)

56 — La Vierge est assise au milieu d'un charmant paysage; son fils est sur ses genoux, un ange leur offre des fruits placés sur un plat d'argent.

Bois. — H. 46 c. L. 33 c.

MICHEL

57 — Port de mer.

MIERIS (Guillaume)

58 — Au milieu d'un riant paysage et sur la lisière d'une forêt, Bacchus est couché près d'Ariane, qui le couronne de pampres; à droite, des Amours; par une échappée, à travers les arbres, on découvre au loin un paysage borné par des montagnes bleuâtres.

(Collection Robiano.)

Bois. — H. 54 c. L. 66 c.

MIEREVELT (Pierre)

59 — Portrait d'une dame âgée.

Bois. — H. 72 c. L. 62 c.

MOMMERS (Henry)

60 — Un Marché sur la place d'une ville italienne.

Toile. — H. 83 c. L. 1 m. 2 c.

MONY (Louis de)

61 — Le Médecin aux urines.

Bois. — H. 36 c. L. 29 c.

NETSCHER (Constantin)

62 — Une jeune Fille tenant des fleurs.

Toile. — H. 52 c. L. 44 c.

NETSCHER (Gaspard)

63 — Portrait de dame avec un épagneul.

NEEFS (Pieter)

64 — Intérieur d'église. A gauche, un autel où des fidèles assistent à la messe ; dans la grande nef, des personnages de condition forment le cortége d'un baptême.

(Collection Robiano.)

Bois. — H. 25 c. L. 35 c.

NEER (Églon Van der)

65 — Deux dames et une petite fille dans l'intérieur d'un appartement.

Toile. — H. 49 c. L. 43 c.

NEER (Arthur Vander)

66 — Effet d'une nuit orageuse. Village sur les bords d'une rivière, barques et pêcheurs auprès de la berge ; la lune, en partie cachée par les nuages, projette ses reflets sur la surface des eaux.

(Collection de Broutgest, à Amsterdam.)

Toile. — H. 42 c. L. 55 c.

67 — Un incendie pendant l'hiver. Des paysans effarés courent dans différentes directions.

Dans le lointain, une ville avec son église.

Bois. — H. 36 c. L. 1 m. 44 c.

68 — Vue du canal et d'une partie de la ville de Dortrech.

Bois. — H. 62 c. L. 1 m. 5 c.

OMMEGANCK (Paul-Balthasar)

69 — Paysage avec figures, moutons et chèvres. Vue prise dans les environs d'Anvers.

(Collection Vanden Serik.)

Bois. — H. 5? c. L. 66 c.

ORLAY (Bernard-Van)

70 — La Vierge offre une cerise à l'Enfant Jésus, qui est debout sur ses genoux ; au pied de Marie est agenouillé un donateur.

Bois. — H. 74 c. L. 57 c.

OSTADE (Isaac Van), Signé

71 — Des paysans réunis dans un cabaret, boivent, chantent et fument.

Toile. — H. 35 c. L. 32 c.

72 — Pendant du précédent. Même genre et sujet.

OSTADE (Adrien-Van)

73 — Un paysan.

Ovale. Bois. — H. 15 c. L. 18 c.

PATEL (Pierre)

74 — Paysage. Effet de soleil.

Bois. — H. 24 c. L. 34 c.

PALMA (Attribué à)

75 — Sainte Famille dans un paysage.

PARIS-BORDONE

76 — Portrait de Bianca Capello.

PORBUS (François)

77 — Portrait d'un magistrat, habillé de noir avec fourrures ; il tient ses gants.

Toile. — H. 76 c. L. 53 c.

78 — La duchesse de Guise.

PORBUS (Pierre)

79 — Le portrait de Catherine de Médicis.

Forme ovale. Toile. — H. 70 c. L. 57 c.

POTTER (Attribué à Paul)

80 — Une prairie avec bestiaux.

Toile. — H. 34 c. L. 45 c.

PRIMATICE

81 — Le portrait en pied d'Antoine, fils de Liderik le Buc. Il tient sur la main droite, un faucon, la gauche est appuyée sur un bâton ; à ses pieds, un chien.

Toile. — H. 2 m. 39 c. L. 95 c.

82 — Portrait en pied de Marguerite, comtesse de Flandre, fille de Thierry d'Elsace.

(Pendant du précédent.)

Ces deux portraits sont des œuvres du plus grand intérêt. Le tombeau de cette famille est érigé dans l'église de Harlebeeck, près de Courtrai.

REMBRANDT (Paul)

83 — Portrait d'un Rabbin. Il est coiffé d'un turban et tient ses mains jointes.

~~(Collection Robiano.)~~

Bois. — H. 84 c. L. 59 c.

ROMBOUTS, élève de Hobbema

84 — Paysage avec cours d'eau et habitations.

Toile. — H. 72 c. L. 60 c.

RUBENS (Pierre-Paul)

85 — Allégorie. Esquisse terminée.

Bois. — H. 28 c. L. 22 c.

86 — Jupiter et Pomone.

Bois. — H. 55 c. L. 39 c.

RUYSDAEL (Salomon)

87 — Un canal glacé serpente à droite et s'étend vers l'horizon. Il est parcouru par de nombreux patineurs. Fond boisé, édifice sur une hauteur, moulin à vent, etc.

Bois. — H. 1 m. 7 c. L. 87 c.

SAFLEVEN (Herman)

88 — Paysage avec moutons, chèvres et autres animaux.

Bois. — H. 22 c. L. 28 c.

SAFLEVEN (HERMAN)

89 — Paysage avec coq, poules et canards.

(Pendant du précédent.)

90 — Paysage montagneux, orné de figures.

Bois. — H. 26 c. L. 35 c.

SAUVAGE

91 — Les quatre Éléments.

(Grisaille.)

SCHOVARTS (MICHEL)

92 — Paysage avec nombreuses figurines.

(Collection de M. Gray.)

Cuivre. — H. 28 c. L. 40 c.

SCHMIDT

93 — Un port de mer de la Méditerranée. Tableau traité dans le genre de Claude le Lorrain.

Toile. — H. 39 c. L. 62 c.

SCHUTZ (de Francfort)

94 — Les bords du Rhin sur une immense étendue. On voit des constructions, des navires, et de nombreuses figures.

Cuivre. — H. 39 c. L. 49 c.

SEGHERS (Daniel)

95 — Une guirlande de fleurs autour de laquelle butinent des insectes.

Bois. — H. 44 c. L. 49 c.

SLINGELAND (Pierre-Van)

96 — Portrait d'un astrologue. Près de lui, sur une table, est une Mappemonde et d'autres objets d'étude.

Bois. — H. 42 c. L. 31 c.

97 — Un philosophe dans son cabinet. Effet de lumière.

Toile. — H. 40 c. L. 34 c.

SNYDERS (François)

98 — Sur une table est un lièvre mort, un coq de bruyère et différents oiseaux, puis des melons et une corbeille contenant des pommes, raisins et d'autres fruits.

Par une croisée entourée d'une vigne, un chat convoite le gibier.

Toile. — H. 90 c. L. 1 m. 34 c.

SNAYERS (Pierre)

99 — Combat entre cavaliers et fantassins, près d'un village.

Bois. — H. 36 c. L. 58 c.

STEEN (Jean)

100 — Le portrait de Jean Steen, grandeur naturelle.

H. 60 c. L. 46 c.

TENIERS (David), le père.

101 — Intérieur du laboratoire d'un chimiste.

Toile. — H. 5 c. L. 70 c.

102 — Intérieur du laboratoire d'un chirurgien de village.

Toile. — H. 34 c. L. 42 c.

103 — Singes en festin.

Bois. — H. 32 c. L. 41 c.

104 — Joyeux villageois tenant un verre d'une main, de l'autre, sa pipe.

Bois. — H. 19 c L. 15 c.

105 — Saint Élie. (Pastiche.)

Bois. — H. 43 c. L. 30 c.

TERBURG (Gérard)

106 — Intérieur d'un appartement où se trouve réunie toute une famille, composée de la mère avec ses deux filles, du père et de son fils.

Nous appelons l'attention des amateurs sur cet intéressant tableau, qui nous paraît appartenir au premier temps de ce célèbre maître.

(Collection Gray.)

Toile. — H. 77 c. L. 85 c.

107 — Portrait d'homme, habillé de noir, avec rabat blanc garni de guipures.

Bois. — H. 41 c. L 37 c.

108 — Portrait d'une dame, habillée en satin noir, avec collerette en dentelles.

(Pendant du précédent.)

TERBURG (Gérard)

109 — Portrait d'une dame de distinction, vêtue d'une robe en satin noir, dont elle relève une partie avec la main droite; derrière elle, un fauteuil garni de velours cramoisi, orné de franges d'or.

Pendant du n° 31. Vente Viardot.

Toile. — H. 38 c. L. 24 c.

TOL (Dominique Van)

110 — La jolie Tricoteuse.

Bois. — H. 30 c. L. 27 c.

VELDE (Guillaume Van de)

111 — Sur les eaux du Zuyderzée, légèrement agitées, sont des navires, des chaloupes et d'autres embarcations.

Bois. — H. 35 c. L. 48 c.

VADDER (Louis de)

112 — Paysage agreste, avec tertre sabloneux.

Toile. — H. 60 c. L. 67 c.

VERTANGEN (Daniel)

113 — Bacchus entouré de Bacchantes et d'Amours.

(Collection Saint-Rémy.)

Bois. — H. 34 c. L. 72 c.

VOIS (Ary de)

114 — La Résurrection de Lazare.

Toile. — H. 62 c. L. 80 c.

WATTEAU, de Lille.

115 — Le Portrait d'un maître d'escrime.

Toile. — H. 90 c. L. 66 c.

WOUVERMANS (Philippe)

116 — Saint Martin monté sur un cheval blanc, coupe un morceau de son manteau pour le donner à un pauvre couché par terre; à côté de lui, plusieurs autres mendiants, hommes, femmes et enfants entourent le Saint, et implorent sa pitié. Cette scène se passe au milieu d'un paysage.

(Collection Emmerson.)

Bois. — H. 42 c. L. 36 c.

187 — Au centre d'un paysage, une vache, des moutons et un homme à cheval. Sur le devant, à droite, un pâtre avec son chien.

Bois. — H. 39 c. L. 30 c.

118 — Combat entre cavaliers et fantassins. Premier temps du maître.

Bois. — H. 36 c. L. 54 c.

Renou et Maulde, imprimeurs de la Compagnie des Commissaires-Priseurs, rue de Rivoli, 144. 22060

www.ingramcontent.com/pod-product-compliance
Lightning Source LLC
LaVergne TN
LVHW010258230826
846091LV00007B/3032